Marina Schauer

Rezension: Die Kultur der Ambiguität. Eine andere Geschichte des Islams (Thomas Bauer)

GRIN Verlag

Bibliografische Information der Deutschen Nationalbibliothek:

Die Deutsche Bibliothek verzeichnet diese Publikation in der Deutschen National-
bibliografie; detaillierte bibliografische Daten sind im Internet über http://dnb.d-
nb.de/ abrufbar.

Impressum:

Copyright © 2013 GRIN Verlag GmbH
Druck und Bindung: Books on Demand GmbH, Norderstedt Germany
ISBN: 978-3-656-50130-5

Dieses Buch bei GRIN:

http://www.grin.com/de/e-book/233645/rezension-die-kultur-der-ambiguitaet-eine-
andere-geschichte-des-islams

GRIN - Your knowledge has value

Der GRIN Verlag publiziert seit 1998 wissenschaftliche Arbeiten von Studenten, Hochschullehrern und anderen Akademikern als eBook und gedrucktes Buch. Die Verlagswebsite www.grin.com ist die ideale Plattform zur Veröffentlichung von Hausarbeiten, Abschlussarbeiten, wissenschaftlichen Aufsätzen, Dissertationen und Fachbüchern.

Besuchen Sie uns im Internet:

http://www.grin.com/

http://www.facebook.com/grincom

http://www.twitter.com/grin_com

Der Ambiguität auf der Spur

Eine Rezension zu Thomas Bauers „Die Kultur der Ambiguität. Eine andere Geschichte des Islams"

Abgabe: 28.08.2013

Thomas BAUER: *Die Kultur der Ambiguität. Eine andere Geschichte des Islams.* Verlag der Weltreligionen im Insel Verlag, Berlin 2011, 463 S., ISBN 978-3-458-71033-2, 32,90 €.

In der heutigen öffentlichen Wahrnehmung gilt der Islam oft als intolerant und in der Zeit zurückgeblieben; Meinungen und Ansichten, die nicht mit islamischem Gedankengut vereinbar sind, würden von Muslimen kategorisch abgelehnt[1]. Wer sich näher mit dem Islam beschäftigt, lernt bald, dass diese öffentliche Wahrnehmung ein Zerrbild des Islams abgibt, wirken doch die Muslime, die man zum Beispiel im Orientalistikstudium kennenlernt, gar nicht so intolerant und verschlossen gegenüber Neuem. Doch die Wenigsten kommen heute auf die Idee, der Islam könne ambiguitätstolerant, also aufgeschlossen gegenüber ambivalenten Diskursen, sein. Einer, der sich mit diesem Gedanken sehr intensiv beschäftigt hat, ist der Arabist und Islamwissenschaftler Thomas Bauer, der seit 2000 an der Universität Münster lehrt. In seinem Großessay *Die Kultur der Ambiguität. Eine andere Geschichte des Islams* stellt er dar, dass die heute im Islam vorherrschende Ambiguitätintoleranz, sprich die Suche nach einer einzigen allgemein gültigen Wahrheit statt der Akzeptanz verschiedener parallel existierender Diskurse, ein Produkt der westlichen Moderne ist und durch den Kolonialismus in die arabisch-islamische Welt getragen wurde. Im vorkolonialen Nahen Osten hingegen war die muslimische Welt die ambiguitätstolerante Gesellschaft schlechthin.

Thomas Bauer beginnt im ersten und zweiten Kapitel („Einleitung" und „Kulturelle Ambiguität") mit der Erklärung und Darstellung des Begriffs „Ambiguität" in den Bereichen Philosophie, Sprach- und Literaturwissenschaft, Psychologie sowie Geschichts- und Sozialwissenschaft. Sein Ziel ist die Übernahme und Anpassung des Begriffs des Begriffs „Ambiguität" in den kulturellen Bereich. Zeitlich bewegt sich Bauer zwischen dem 11. und 19. Jahrhundert christlicher Zeitrechnung (zur Zeit der Seldschuken, Ayyubiden, Mamluken und Osmanen). Die kulturelle Ambiguität definiert Bauer wie folgt:

> „Ein Phänomen kultureller Ambiguität liegt vor, wenn über einen längeren Zeitraum hinweg einem Begriff, einer Handlungsweise oder einem Objekt gleichzeitig zwei gegensätzliche oder mindestens zwei konkurrierende, deutlich voneinander abweichende Bedeutungen zugeordnet sind, wenn eine soziale Gruppe Normen und Sinnzuweisungen für einzelne Lebensbereiche gleichzeitig aus gegensätzlichen oder stark voneinander abweichenden Diskursen bezieht oder wenn gleichzeitig innerhalb einer Gruppe unterschiedliche Deutungen eines Phänomens akzeptiert werden, wobei keine dieser Deutungen ausschließliche Geltung beanspruchen kann." (S. 27)

Im dritten und vierten Kapitel („Spricht Gott mit Varianten?" und „Spricht Gott mehrdeutig?") geht es um die Ambiguitätszähmung aufgrund von Ambiguitätskrisen, um den

---

[1] Naumann, Thomas: *Feindbild Islam. Historische und theologische Gründe einer europäischen Angst – gegenwärtige Herausforderungen.* Mai 2006, S. 1: http://www.uni-siegen.de/phil/evantheo/mitarbeiter/naumann/dokumente/feindbild_06_druckfsg.pdf (Stand: 23.08.2013).

Variantenreichtum im Koran, der laut der Korangelehrten gottgewollt ist und um die Darstellung des Ambiguitätsverlustes anhand je eines Werkes von *Ibn al-Ǧazarī* (gest. 1429) und *Ibn ʿUṯaimīn* (gest. 2001).

Im fünften Kapitel („Die Gnade der Meinungsverschiedenheit") schildert Bauer einen *iḫtilāf* (Meinungsverschiedenheit von Juristen) anhand der Frage, ob Verendetes gegessen und beispielsweise das Fell verwendet werden dürfe. Dabei listet er die wichtigsten Kriterien zur Einstufung von Überlieferungen bezüglich ihres Wahrheitsgehaltes auf.

Im sechsten Kapitel („Die Islamisierung des Islams") kritisiert Bauer die Benennung der islamischen Kultur als „islamisch" im Gegensatz z.B. zur europäischen, japanischen oder afrikanischen Kultur. Durch diese Bezeichnung wird dem arabischen-islamischen Raum gleich der religiöse Stempel aufgedrückt, es entstehe der Eindruck, alles was arabisch ist, ist auch islamisch. Besser wäre wohl die Bezeichnung „arabische Kultur" (oder spezieller: ägyptische, tunesische, libyische, … Kultur). Einen solchen Alternativbegriff zum von ihm kritisierten Begriff „islamische Kultur" schlägt Bauer zwar nicht direkt vor, nutzt jedoch im Verlauf des Buches häufig den Begriff „arabische Kultur".

Im siebten Kapitel („Sprachernst und Sprachspiel") stellt Bauer klar, dass das arabische Reich „mindestens ebensosehr auf der Feder wie auf dem Schwert" (S. 228) gründete. In diesem Kapitel beschäftigt sich Bauer mit verschiedenen Stilmitteln der Ambiguität in arabischen Texten wie zum Beispiel das literarische Koranzitat (*iqtibās*, S. 244), das Gegengedicht (*muʿāraḍa*, S. 254) oder das „Verbergen" (*tauriya*, S. 260). Er beschreibt auch die Haltung des Westens zur ambigen Literatur des Nahen Ostens in der Mitte des 19. Jahrhunderts: Die „arabische Poesie […] beruht auf eitlem Prunk mit seltenen und oft unverständlichen Wörtern, Wortspielen […] und unnachahmbaren Verskünsteleien […]." (S. 251). Dieses Kapitel ist Bauers Paradedisziplin, dem Leser wird deutlich, womit sich Bauer wirklich gut auskennt und natürlich kann Bauer in diesem Kapitel auch deutlich mehr Beispiele und Autoren, die seine Thesen stützen, anführen als in anderen Kapiteln.

Im achten Kapitel („Die Ambiguität der Lust") beschäftigt sich Bauer mit den Unterschieden der westlichen und der nahöstlichen Sexualitätsdiskurse: Während der Nahe Osten stets aufgeschlossen und locker im Umgang mit (Homo-) Sexualität war, war der Westen eher aufgeregt und zwanghaft (S. 270). Der westliche Sexualitätsdiskurs beanspruchte zudem, wie so vieles westliche, universelle Gültigkeit. Der heutige nahöstliche Sexualitätsdiskurs entspricht dem des Westens im 19. Jahrhundert, d.h. er gehört nicht „zum Islam", sondern wurde nur aus dem Westen übernommen. Der Wandel, der seitdem im Westen stattgefunden hat, muss nun erst noch „im Islam" ankommen.

Im neunten Kapitel („Der gelassene Blick auf die Welt") geht Bauer der (Un-) Trennbarkeit von Religion und Politik auf den Grund und kommt zu dem Schluss, das Religion und Politik in früheren Jahrhunderten durchaus trennbar waren, anders als heute gern behauptet wird. Im zehnten Kapitel („Auf der Suche nach Gewissheit") zeigt Bauer die Position der „Skeptiker" anhand von *ar-Rāzī* auf, nach denen aus Texten Wahrscheinlichkeiten und keine Wahrheitserkenntnisse abgeleitet wurden.

Der westliche Universalisierungsanspruch

„Die vorkoloniale islamische Welt kannte dagegen während der längsten Zeit ihrer Geschichte einen dem Westen vergleichbaren Universalisierungsehrgeiz nicht." (S. 313)

Bauer räumt ein, dass der Islam (wie auch das Christentum) „monotheistische Religion[en] mit universellem Wahrheitsanspruch" (S. 313) sind. Dieser theologische Wahrheitsanspruch des Islams führe jedoch nicht allein zu religiös motivierter Gewalt, der Islam unterscheide nicht zwischen Wahrheit und Lüge, sondern ertrüge die sich aus Diskurspluralitäten ergebenden Ambiguitäten und nutze diese sogar als „kulturelle Kraftquelle" (S. 313f).

Dass der Islam einen universellen Wahrheitsanspruch hat, sieht auch Thomas Naumann. Wenn er aber hinzufügt, der Islam sähe sich dabei nicht nur als Korrektur sondern gar als Überbietung der christlichen Offenbarung[2], klingt das durchaus nach einem Universalisierungsanspruch des Islams. Da Thomas Bauer die Schiiten und andere innerislamische religiöse Minderheiten nicht berücksichtigt, wirkt seine Argumentation lückenhaft und zurechtgelegt. Er schreibt bewusst nur über den sunnitischen Islam, geht jedoch auf den Umgang mit außerislamischen Andersgläubigen ein, denn da passt seine Argumentation von dem liberalen und ambigen Umgang besser. Die Verfolgung innerislamischer Andersgläubiger verschweigt er lieber. Schon seit der Spaltung der muslimischen Gemeinde in Sunniten und Schiiten bilden die Sunniten eine absolute Mehrheit, die immer wieder die schiitische Minderheit verfolgt und vertrieben hat[3]. Auch die *Aḥmadiyya*, die sich selbst als dem Islam zugehörig betrachten, werden von sunnitischen und schiitischen Muslimen als Häretiker abgelehnt[4]. Und auch der Umgang mit Juden und

---

[2] Naumann: *Feindbild Islam*, S. 6:
http://www.uni-siegen.de/phil/evantheo/mitarbeiter/naumann/dokumente/feindbild_06_druckfsg.pdf
(Stand: 23.08.2013).
[3] Amirpur, Katajun: *Schia gegen Sunna – Sunna gegen Schia*. Vontobel-Schriftenreihe, Zürich 2013, S. 6, 40.
[4] Reetz, Dietrich: *Islam in Europa: religiöses Leben heute. Ein Portrait ausgewählter islamischer Gruppen und Institutionen*. Waxmann, Münster 2010, S. 95.

Christen war gar nicht so zwanglos wie Bauer gern darstellt. Zwar hatten die „nichtmuslimischen Schutzbefohlenen" (Juden und Christen) auch ihre Rechte und wurden nicht gezwungen, sich zum Islam zu bekennen, jedoch war ihr rechtlicher Status sehr gering, sie durften keine neuen Kirchen oder Synagogen bauen, ihre Religion kaum öffentlich ausleben, mussten sich anders kleiden als Muslime, sich zum Teil sogar mit einem Erkennungszeichen versehen, sie durften oft keine hohen Ämter bekleiden und sie mussten höhere Steuern zahlen, die die Muslime damit rechtfertigten, dass die Juden und Christen im Gegenzug Schutz bekämen. Durch all diese Gründe fand eine indirekte „Zwangs"-Konversion statt[5]. Die Festlegung auf vier sunnitische Rechtsschulen dient zwar auf den ersten Blick einer Ambiguitätszähmung, – um mit Bauers Worten zu sprechen – aber dass die anderen Rechtssysteme verfolgt und vertrieben wurden, zeigt erneut einen gewissen Universalisierungsehrgeiz des Islams. So war im 10. Jahrhundert beispielsweise die Rechtsschule der *Ẓāhirī*, die sich durch eine besonders wörtliche Auslegung von Koran und Sunna auszeichnet und später zum Teil in den *Ḥanbaliten* aufgegangen ist, sehr populär. Aufgrund ihrer zu großen Unterschiede zu den anderen vier etablierten Rechtsschulen wurde sie jedoch verdrängt. Ähnlich erging es den *Ğarīri*, die sich u.a. recht liberal in Bezug auf die Rolle der Frau verhielten. Auch dieser Gedanke war fremd und musste verdrängt werden[6]. Ein weiteres schönes Beispiel für ein Universalisierungsbestreben im Islam ist die *Miḥna*-Bewegung. Die Lehre von der „Erschaffenheit des Korans" wurde 827 n.Chr. zur Staatsdoktrin des frühen Abbasidenstaates erklärt, ab 833 mussten alle Rechts- und Religionsgelehrten Bagdads einen Eid auf die Lehre schwören. Denen, die das nicht taten, drohte die Inhaftierung oder gar die Hinrichtung. 849 wurde die *Miḥna* beendet[7].

Der *Qāḍī* – Ehrlich oder religiös?

„Nun erscheint es mir […] als weit selbstverständlicher, daß ein Qāḍī *ehrlich*, als daß er *religiös* sein muß." (S. 207)

Bauer schreibt, westliche Autoren „phantasierten" sich „eine ganz und gar religiös durchdrungene Kultur" herbei und behaupteten, dass „ ‚die Religiosität des Richters und

---

[5] Noth, Albrecht: *Früher Islam.* In: Haarmann, Ulrich: *Geschichte der arabischen Welt.* 5. Auflage 2004, C.H. Beck, München 1987, S. 92f.
[6] Melchert, Christopher: *The Formation of the Sunni Schools of Law, 9th-10th Centuries C.E.* In: Peters, Ruud / Weiss, Bernard: *Studies in Islamic Law and Society.* Volume 4. Brill, Leiden 1997, S. 187, 190f.
[7] Winkelmann-Liebert, Holger: *Die Miḥna im Kalifat des al-Muʿtaṣim (833-842).* Wissenschaftliche Hausarbeit zur Erlangung des akademischen Grades eines Magister Artium der Universität Hamburg, Hamburg 2001, S. 4-19.

damit die Religion als Lebensgrundlage'[8] eine Hauptvoraussetzung für das Amt des Richters in der islamischen Welt gewesen sein müsse." (S. 207f). Um seine These zu stützen, schlägt er eine Gegenprobe vor: In einem „Buch über das Amt des Predigers […] heißt es, der Prediger müsse ‚einwandfrei in seinen Glaubensüberzeugungen sein'. […] [S]ein Leben [soll] ganz auf Gott eingerichtet sein […]. Wenn man eine solche Gottergebenheit von Richtern nicht ausdrücklich verlangt, dann nicht, weil sie selbstverständlich wäre – das wäre sie ja bei Predigern um so mehr –, sondern weil sie von Richtern eben nicht erwartet wurde." (S. 208) Fakt ist jedoch, dass die Religion in der Natur des Richteramtes lag und dass das Amt des Qāḍīs „the final and highest step in the organization of that state, under the authority of the caliph"[9] war. Ein Qāḍī musste Muslim sein, er durfte nicht aus den Reihen der „Schutzbefohlenen" kommen und er musste beste Kenntnisse des islamischen Rechts nach den geltenden Rechtsschulen haben[10]. Außerdem bringt jede Religionsgruppe ihre eigenen Moralvorstellungen mit, d.h., ein Muslim achtet beispielsweise ganz anders auf das Verbot von Schweinefleisch und Alkohol, als dies ein Christ machen würde.

Ambige Stilmittel: Das „Ersatzwort"

Thomas Bauer will stets beweisen, dass die arabische Kultur vor dem Kolonialismus so ambiguitätstolerant war, der Westen hingegen nicht. Dazu führt er beispielsweise folgendes Exempel aus seiner Paradedisziplin, der arabischen Literaturwissenschaft, an:

> „Eines der wichtigsten Stilmittel der vor- und frühislamischen Dichtung ist das „Ersatzwort", das darin besteht, daß ein Lebewesen oder ein Gegenstand nicht mit seinem gewöhnlichen Wort genannt wird, sondern mit einem Ausdruck, der eine Eigenschaft des Lebewesens beziehungsweise des Gegenstands bezeichnet. Ein Dichter hätte nicht gesagt: ‚Ich stieg auf ein Kamel und griff zu einem Schwert', sondern etwa: ‚Ich stieg auf ein Hellbraunes, Wüstendurchmessendes und griff zu einem Schneidigen, Blauglitzernden'." (S. 234).

Dabei waren die arabischen Dichter nicht die Einzigen, die die Ambiguität in ihren „Ersatzwörtern" so liebten. Auch im angeblich so ambiguitätsintoleranten Westen gab es solche ambiguitätsträchtigen Stilmittel in der Literatur: Die *Kenningar*. Solche „poetische Umschreibungen" gab es nicht nur in der altnordischen Literatur des Mittelalters, sondern zum Beispiel auch in der altenglischen Literatur[11] sowie in der vorchristlichen griechischen

---

[8] Schneider, Irene: *Das Bild des Richters in der „Adab al-Qāḍī"-Literatur*. Peter Lang, Frankfurt am Main 1990, S. 245.
[9] „*Ḳāḍī*". Encyclopaedia of Islam, Second Edition. Edited by: P. Bearman, Th. Bianquis, C.E. Bosworth, E. van Donzel, W.P. Heinrichs. Brill Online, 2013.
[10] Schneider: *Das Bild des Richters*, S. 203f, 230-234.
[11] Marold, Edith: *Kenningkunst. Ein Beitrag zu einer Poetik der Skaldendichtung*. Walter de Gruyter, Berlin 1983, S. 5.

Poetik[12]. In der dichterischen Sprache wird zum Teil sogar noch heute mit *Kenningar* gearbeitet. „Die einfache *Kenning* ist ein zweigliedriger Ersatz für ein Substantivum der gewöhnlichen Rede."[13] So bedeutet zum Beispiel das altnordische *unnar hestr* ‚Pferd der Wellen‘ (−Schiff). Oft enthalten die altnordischen *Kenningar* Anspielungen auf die Mythologie: *dœtr Ægis* ‚Töchter *Ægirs*‘ (=Wellen). Um das Ambiguitätschaos zu vervollständigen, können die jeweiligen Ersatzwörter auch noch einmal durch eine *Kenning* umschrieben werden: So steht die *Kenning* ‚Göttin des Schnees auf des Habichts Landspitze‘ für eine mit Silberschmuck behängte, schöne Frau (Göttin = schöne Frau; Schnee = Silberschmuck; Habichts Landspitze = Arm).

Quellen und die neue deutsche Rechtschreibung

Der Umgang mit Quellenliteratur ist schwierig bei Thomas Bauer. Das Buch hat nicht den höchsten wissenschaftlichen Anspruch (S.25), dennoch gründen einige Annahmen und Aussagen auf einer recht dünnen Literaturgrundlage (zum Beispiel Kapitel drei, in dem beinahe 40 Prozent der sich oft wiederholenden Quellen von *Ibn al-Ġazarī* stammen). Außer in dem meiner Meinung nach gut recherchierten Kapitel fünf fehlen häufig (arabische) Primärquellen; wenn welche vorhanden sind, stammen diese meist nur von ein bis zwei Autoren, die gerade gut zu Bauers Meinung passen. Im Kapitel sieben zitiert Thomas Bauer – welch Wunder – doch recht häufig sich selbst und zwingt somit den Leser, weitere Bücher von ihm zu lesen, anstatt mal eine Primärquelle anzuführen. Als schlechten Stil, auch für semi-wissenschaftliche Publikationen, deute ich die Nutzung von Wikipedia in Kapitel neun. Ist Bauer da etwa langsam ungeduldig geworden und hatte keine Lust mehr, ordentlich zu recherchieren?

Gebildete Menschen nutzen die deutsche Rechtschreibung, der Rest nutzt die aktuell gültige Schulschreibung (neue deutsche Rechtschreibung) von 2006[14]. Diese Aussage scheint Bauer sich zu Herzen genommen zu haben. Gelernt hat er die alte deutsche Rechtschreibung, soviel ist klar. Dennoch gilt heute die neue deutsche Rechtschreibung von 2006, an der sich Autoren fiktionaler Bücher genauso orientieren wie Autoren wissenschaftlicher Texte und Facharbeiten sowie Schüler und Lehrer. Auch Lektorate korrigieren automatisch nach den

---

[12] Wærn, Ingrid: *ΓΗΣ ΟΣΤΕΑ. The Kenning in Pre-Christian Greek Poetry.* Almqvist & Wiksells Boktryckeri AB, Uppsala 1951, S. 79-113.
[13] Meissner, Rudolf: *Die Kenningar der Skalden. Ein Beitrag zur skaldischen Poetik.* Schroeder, Bonn 1921, S. 2.
[14] http://www.schriftdeutsch.de/ortr-rat.htm (Stand: 27.08.2013).

neuesten gültigen Standards[15]. Die (Schrift-) Sprache unterliegt nun einmal dem Wandel und dass man heute nicht mehr schreibt wie in den 1960er und 1970er Jahren, in denen Thomas Bauer zweifelsohne zur Schule gegangen ist und schreiben gelernt hat, dürfte jedem klar sein. Die Nutzung einer alten, konservativen Art der Rechtschreibung wirkt für Bauers Zwecke nicht zielführend, schließlich will er unseren Blick auf den Islam lockern, für neue Denkanstöße öffnen, die konservative, überholte Meinung revidieren, tut dies jedoch, indem er selbst an alten, überholten Regelungen festhält.

Ziel erreicht?

Nach intensiver Lektüre des Buches bleibt die Frage nach der tatsächlichen Ambiguitätstoleranz innerhalb der Gesellschaftsschichten, die nicht in den Reihen der Intellektuellen leben. Bauer reiht einen Diskurs an den anderen, gibt jedoch keinerlei Verbindungen zwischen den jeweiligen Diskursen an und genauso wenig eine Information darüber, welcher Diskurs wann in welcher Schicht vorgeherrscht haben könnte. Denn dass die Gesellschaft, die „breite Masse", zu jeder Zeit an jedem Ort absolut ambiguitätstolerant war, sprich, dass jeder Tür an Tür mit Menschen mit komplett anderen Auffassungen zu jedweder Thematik wohnte, kann ich mir nicht vorstellen.

Anhand zahlreicher Texte und einiger Autoren belegt Bauer seine These der Ambiguitätstoleranz der arabischen Kultur jedoch recht gründlich und bei einfacher Lektüre durchaus glaubhaft. Bei näherem Hinsehen zeigt sich jedoch, dass er lange nicht in allen Bereichen so viel Wissen hat wie im Bereich der Literatur.

Im Endeffekt erreicht Thomas Bauer mit seinem Buch jedoch was er möchte: Der gebildete Leser erfährt den Islam in einem neuen Licht, er lernt den Islam von einer gänzlich anderen Seite, fernab des Islams, der uns in den Medien immer wieder nahegebracht wird, kennen, und dieser von Thomas Bauer propagierte Islam hat auch seine Berechtigung. Seine These ist hochinteressant und doch stößt sie auf ambivalente Gefühle: Sie hilft, bei fachfremden Lesern Vorurteile abzubauen, fachfremde Rezensenten loben das Buch in höchsten Tönen, bei Fachleuten stößt Bauer jedoch zunehmend auf heftige Kritik. Thomas Bauer polarisiert und stößt eine nie gekannte Diskussion über einen ambigen Islam an.

[15] http://www.lektorat-winkel.de/html/referenzen.html (Stand: 27.08.2013).

Literaturverzeichnis

Buchquellen:

Amirpur, Katajun: *Schia gegen Sunna – Sunna gegen Schia.* Vontobel-Schriftenreihe, Zürich 2013.

Marold, Edith: *Kenningkunst. Ein Beitrag zu einer Poetik der Skaldendichtung.* Walter de Gruyter, Berlin 1983.

Meissner, Rudolf: *Die Kenningar der Skalden. Ein Beitrag zur skaldischen Poetik.* Schroeder, Bonn 1921.

Melchert, Christopher: *The Formation of the Sunni Schools of Law, 9th-10th Centuries C.E.* In: Peters, Ruud / Weiss, Bernard: *Studies in Islamic Law and Society.* Volume 4. Brill, Leiden 1997.

Noth, Albrecht: *Früher Islam.* In: Haarmann, Ulrich: *Geschichte der arabischen Welt.* 5. Auflage 2004, C.H. Beck, München 1987.

Reetz, Dietrich: *Islam in Europa: religiöses Leben heute. Ein Portrait ausgewählter islamischer Gruppen und Institutionen.* Waxmann, Münster 2010.

Schneider, Irene: *Das Bild des Richters in der „Adab al-Qāḍī"-Literatur.* Peter Lang, Frankfurt am Main 1990.

Wærn, Ingrid: *ΓΗΣ ΟΣΤΕΑ. The Kenning in Pre-Christian Greek Poetry.* Almqvist & Wiksells Boktryckeri AB, Uppsala 1951.

Winkelmann-Liebert, Holger: *Die Miḥna im Kalifat des al-Muʿtaṣim (833-842).* Wissenschaftliche Hausarbeit zur Erlangung des akademischen Grades eines Magister Artium der Universität Hamburg, Hamburg 2001.

Internetquellen:

Naumann, Thomas: *Feindbild Islam. Historische und theologische Gründe einer europäischen Angst – gegenwärtige Herausforderungen.* Mai 2006: http://www.uni-siegen.de/phil/evantheo/mitarbeiter/naumann/dokumente/feindbild_06_druckfsg.pdf (Stand: 23.08.2013).

„Ḳāḍī". Encyclopaedia of Islam, Second Edition. Edited by: P. Bearman, Th. Bianquis, C.E. Bosworth, E. van Donzel, W.P. Heinrichs. Brill Online, 2013 http://referenceworks.brillonline.com/entries/encyclopaedia-of-islam-2/kadi-COM_0410 (Stand: 24.08.2013).

http://www.lektorat-winkel.de/html/referenzen.html (Stand: 27.08.2013).

http://www.schriftdeutsch.de/ortr-rat.htm (Stand: 27.08.2013).